AF600026

Tras los pájaros azules

Tras los pájaros azules

Agustina Herrero Sánchez

Primera edición: 2025

Editorial Siníndice
C/ Caballerías 4, 2º
26001 Logroño (La Rioja). España

www.sinindice.es
info@sinindice.es

ISBN: 978-84-19221-65-0
Depósito legal: LR-1066-2025

Impreso en España

A mi hija Irene

Índice

Prólogo

Antes de alzar el vuelo

Cree su autora que la génesis de este libro se encuentra en un insomnio creador. Según relata la propia Agustina Herrero, fue durante una noche de sábado, entre las sombras de su biblioteca, cuando descubrió un volumen olvidado de Luis Cernuda. Aquella lectura desencadenó un diálogo imprevisto, lágrimas, epifanías repentinas y una necesidad apremiante de responder al poeta desde su propio tiempo. Así brotó el primer poema de este volumen —una misiva arrojada al vacío temporal— dirigida a una voz que parecía compartir su espacio íntimo.

Este acto de comunión poética no fue un hecho aislado. Con los años, otras voces se fueron sumando a ese coloquio silencioso. En 1987, el timbre de un teléfono antiguo inspiró el *Soneto al teléfono*, dedicado a Lope de Vega. Un año más tarde, durante un viaje en tren con un libro de Rubén Darío sobre el regazo, nació *Elijo la vida*. En 1997, mientras transitaba por su propio desierto espiritual, Herrero extendió la mano hacia San Juan de la Cruz en *La Esperanza*. Y en abril de 1999, cuando los almendros riojanos le recordaron que incluso Góngora tuvo sus inviernos, surgió *Dejar de llorar*. Estos poemas no fueron simples ejercicios estéticos, sino actos de resistencia y construcción identitaria.

Fue en la tranquilidad de Alfaro, entre 2023 y 2025, donde estos veintisiete textos adquirieron su forma definitiva. La obra se estructura en dos partes complementarias. La primera reúne diez poemas dedicados a los clásicos del Siglo de Oro, pero lejos de ser homenajes académicos, son encuentros con seres humanos cuyas heridas comprendemos y compartimos aún hoy, el amor rechazado de Garcilaso, las cadenas rotas de Santa Teresa, los infiernos cotidianos de Cervantes. La segunda parte convoca a diecisiete poetas que han acompañado a Herrero en su travesía literaria. Desde Bécquer —cuyos pájaros azules prestan el título al libro— hasta Lorca, Neruda, Miguel Hernández o Gloria Fuertes, cada uno representa la convicción de que la poesía no es un mero juego estético, sino un elemento vital para su autora, como el agua que bebe o el aire que respira.

En este recorrido, Agustina Herrero prescinde conscientemente de la erudición. Su aproximación es la de una lectora que encuentra en los versos ajenos un salvoconducto existencial. Estos poemas son respuestas afectuosas, formas de decir: *aquí estoy, habitando las mismas fracturas que ustedes iluminaron*. Porque la gran literatura no es un mausoleo para clásicos inertes, sino más bien una taberna atemporal donde conviven vivos y muertos, compartiendo el mismo pan y las mismas incertidumbres.

Tras los pájaros azules constituye un acto de fe en ese diálogo transgeneracional que sostiene y enriquece la lengua castellana. En estas páginas, Agustina Herrero no se limita a escribir sobre poetas, sino que, de algún modo, escribe con ellos, tejiendo una conversación que trasciende el tiempo y el espacio.

Pasen la página y disfruten.

Enrique Cabezón
Los Lirios del Iregua, julio de 2025

Primera parte

Diez poemas a los clásicos

Yo no tenía nada

A Garcilaso de la Vega
(1501-1536)

Murallas y torreones con centinelas
en la puerta de tu corazón
no me dejaron pasar del umbral.
Llevaba rosas de todos los colores en el pelo,
azucenas blancas en la piel.

Las manos me crecían desmesuradas
como sombras de ternura contenida.
Nada sirvió.
Nada fue suficiente.
Lo que tu perseguías no lo tenía yo.

Amé y no fui correspondida.
Amé y fui rechazada.
Amé y fui despreciada.
Sufrí por no alcanzar mi sueño de tenerte.
Corrí para alejarme de ti para siempre.

Me subí a un árbol pequeño a observar mis sentimientos.
Los días y las noches crecieron y aumentaron.
Miré mi desnudez y mi inocencia. Me gustaron.
Miré mi felicidad y mi esperanza.
Me gustaron.
Miré mis ganas de vivir y perdonar

y te dejé en tu nube, en tu universo gris.
Era verdad: Yo no tenía nada.

Elegí

A Santa Teresa de Jesús
(1515-1582)

Dices que hay algo sobrenatural en mí
y dices bien…
Aunque me falten las alas de los ángeles
y no viva en la inopia como tú.

Estaba yo tranquila y era feliz
cuando dicen que su diente ponzoñoso
clavó en mí
una serpiente que pasaba por allí.

El bien y el mal en pugna eterna
deliberaron sobre mi proceder.
Quise distinguir y elegí.
Comiendo manzanas rojas y amarillas

quise distinguir y elegí ser libre.
Un día me marché tirando al río
las cadenas con las que me amarraste.

Antes de ti había vida
y la habrá después de ti.
Mordí el fruto prohibido. Me atreví.
Me arriesgue a ganar… y perdí.

Crisantemos

A Fray Luis de León
(1527-1598)

Una tristeza hambrienta
de sensaciones nuevas
en la humedad obscura
de las paredes pétreas.
Cuando tú no estás
todo es oquedad y silencio.
Mis caminos reinventan las veredas.
Me canso del olor a crisantemos
y siembro claveles y lirios en el huerto.

La Esperanza

A San Juan de la Cruz
(1542-1591)

Entre mis brazos se cimbrean
erguidos los vientos suaves.
El huracán se ha llevado
tu aliento deshumanizado,
tus círculos de miedo y soledades.

Como si paseara por un paraje desconocido
el mundo se asemeja a una huerta sembrada.
Me voy reconociendo en esta desnudez
descubierta la cara y el cuerpo arrodillado.
Atrás quedan los miedos y las penas.

Me arrodillo frente a un arroyo
de aguas transparentes.
Siembro en las orillas de los ríos
blancas semillas, semillas amarillas
y me abro al horizonte alcanzable del mañana.

En mi desnudez plateada
hay estrellas de luz blanca
y amaneceres cercanos de Esperanza.
Está limpia la brisa, el agua de la fuente,
el canto de los pájaros, el aire de los montes.

Mi cuerpo recobra la inocencia de lo puro.
Mis sentimientos nacen también desnudos
sin expectativas delirantes.
Limpio y desnudo mi cuerpo se serena.
Con la mezcla del agua y de la tierra
y lo que siembro hoy germinará mañana.

La Dignidad

A Miguel de Cervantes
(1547-1616)

Este es, Señor, mi castigo.
Esto debe ser el Infierno
y yo con el corazón encogido
paso las tardes esperando el Paraíso.

Allí donde la Dignidad pueda ser reconocida
y pueda crecer sin prisa
pagada la penitencia
allí habrá Paz y Alegría.

En aquellos palacios habrá libros
para los lectores insomnes
que bajo las sábanas estiradas
se dormirán como el náufrago
agotado que llega a una playa.

Amigo mío: mi pasión se marchó
en el autobús de las tres
y como la marea que sube y baja
así bajaste tú en medio de la brisa
con tu ropa mojada
oliendo a mil mentiras
y al canto de amor de las sirenas
con la fatiga en la frente reflejada
y la preocupación y la desgracia.
Y este dolor, que es todo mío,
-al que cuido con exquisito esmero-
crece en los sótanos de mi casa
igual que un centenar de ratas bien alimentadas
y en las tardes de invierno
crece también la rabia.

Dejar de llorar

A Luis de Góngora
(1561-1627)

Oigo cantar las hojas de los árboles
que vuelven a poblarse
y, a lo lejos, el sonido veloz
del aguilucho que vuela alto.
Afino mis oídos
para escuchar el sonido silencioso
que producen las hormigas a su paso.

Todo parece nacer de nuevo.
Luce el sol.
Es primavera.
Abril, con su locuacidad inconstante,
promete una tarde seca.
Esta mañana llovía como si nunca
hubiera llovido sobre la Tierra.

Mi reja de hierros negros
reluce al sol,
y brotes nuevos asoman de la enredadera.
Y quiero que lo sepas:
he dejado de llorar por tu pérdida.
A veces,
hasta de la muerte se regresa.

Soneto al teléfono

A Lope de Vega
(1562-1635)

Dinámico aparato de palabras y silencios
que sobresaltas mi paz con tu llamada;
elemento indispensable en nuestra casa,
en fábricas, oficinas y comercios.

Ladrón de soledad, prodigio moderno,
chispa de luz, de noticias mensajero.
Hoy sin ti no vivo, mañana aún menos.
Asaltante de intimidad, calor de invierno.

Cuando tu timbre suena vibrante,
gritón, intermitente,
son noticias buenas lo que espero.

Como tú, charlatán de banalidades,
soy un torrente de palabras huecas,
pero el Mundo enmudecería si tú faltaras.

Las palabras claras

A Tirso de Molina
(1579-1648)

Gotas de agua caen de mi frente
cuando ladran los perros y enseñan los dientes
esos perros que el instinto enloquece
son feroces fieras que ahuyentan el sueño de los príncipes.

Nunca seré tu amante de amor sin tregua
nunca seré tu pañuelo de lágrimas
nunca seré quien cargue con tus miedos y tus penas.

En mi pecho no quedan flores de azufre
ni deseos desordenados
dirigidos a tus labios resecos.

Reclamo para mí la fuerza entera de mis manos,
las palabras claras
y rechazo las medias palabras.

Salen frases lentas de mi boca.
Pongo cara de extrañeza
y cuando voy a decir algo olvido lo que era.

Flechas amorosas

A Francisco de Quevedo
(1580-1645)

Esas flechas de Cupido
que no dan en la diana
¿a dónde irán a parar?
Son flechas del desamor
que nunca tocan el suelo
mas tampoco el corazón
de aquel a quien yo venero.

Flechas amorosas son
corriendo siempre a destiempo
pues mientras voy yo a derechas
tú huyes hacia la izquierda.

Corriendo desenfrenadas
van mis flechas hacia ti
que tengo prisa en vivir
antes de morir de pena
esperando a que te enteres
de que Cupido está cerca.

Flechas que quieren llegar
a darte la enhorabuena
porque palpita otra vez
en tu cuerpo muerto
un reloj de torre vieja.

Flechas que se clavarán
lejos o cerca de ti
en tu tobillo tal vez
o en tus manos o en tus piernas.

El nido

A Pedro Calderón de la Barca
(1600-1681)

En una cueva muy alta
en donde descansa el águila
el nido va construyendo
con su pico y con sus patas.

Tras el largo vuelo,
cada vez que llega, trae paja
para rellenar el nido
con su pico y con sus patas.

No sé volar por encima de las montañas
mas también, como el águila,
construyo y restauro el nido
donde mis seres queridos descansan.

El puente que cruza el río
permanece en silencio.
El río, sin embargo, habla
con su cantar de agua.

El alba despierta a la brisa fresca
de buena mañana,
la luz del sol lo va iluminando todo:
tejados, árboles, casas;
puente, río, agua;
nido, pico, montaña;
patas, cueva, águila.

Segunda parte

Diecisiete poemas a mis poetas preferidos

Los sueños y las realidades

A José de Espronceda
(1808-1842)

Llegaste y
en el fino talle de tu cintura
traías escondidos los detalles.

Fertilizaste mis sueños dormidos
como la lluvia fertiliza los campos,
con la boca áspera y seca
me hiciste olvidar el pasado.

Desviaste los truenos y los rayos,
los recuerdos, la memoria,
la incertidumbre, el desconsuelo
y te llevaste aquella tarde
en unos taxis negros
la soledad y el miedo.

Creo que fue en ese instante
cuando al empezar a amarte
me inventé un perfume
con mis aromas favoritos:
dos onzas de café recién molido,
tres melocotones frescos,
un litro de agua del mar
y un puñado de salitre;
el olor tierno de un bebé recién bañado,
y el de la ropa limpia puesta a secar al sol
y así es como yo te quiero.

Tras los pájaros azules

A Gustavo Adolfo Bécquer
(1836-1870)

Hoy, que también a mí me duele el alma,
me acerco a ti sigilosa y despacito
a mirar en lo profundo de tus ojos
por si encuentro tus suspiros escondidos.

Llevo enganchada del pelo tu mirada severa,
de mi cabeza penden fantasías
y espejismos robados al desierto,
de mis labios de seda la miel y los pétalos.

En mis sueños te he visto sonriente,
el rostro transformado en otro rostro
más joven, más bello, más redondo.
Y te quedaste dormido entre mis brazos
como un niño de pecho.

Te miré y sentí la vergüenza en mi nuca,
enrojecías siempre que yo te miraba.
Era el tiempo de la sementera;
sembrábamos maíz, centeno, espelta.
Era nuestra época de la inocencia,
el momento de correr tras los pájaros azules
y sementera era también mi vientre
preñado de claveles y azucenas.

Melancolía

A Rosalía de Castro
(1837-1885)

De esta tristeza mía,
antigua y adormecida
el que sí sabe un poco
es mi gato negro;
él me siente cuando estoy triste
de la misma manera
que es capaz de ver mi alegría.

Cuando puede ver mis penas
entonces me ronronea;
me pide su desayuno
tras una noche de juerga.

Este precioso gatazo
al que llamamos "Rayito"
se me ha quedado mirando
con sus bellos ojos verdes
y se acerca el descarado
con su interminable discurso
de empedernido noctámbulo
cuando me encuentra llorando.

Usa un lenguaje instintivo
cuando quiere consolarme;
yo le quise llamar Bruno
cuando era pequeñito.

Este gatito ha crecido
y se ha vuelto cariñoso,
mi Rayito, mi Rayito
es un rayo luminoso.

Él ha crecido a mi vera
le entiendo perfectamente;
yo le conozco a él mucho,
él me comprende también.

Elijo la vida

A Rubén Darío
(1867-1916)

Me veo en mi afán de caminante
con una rosa blanca de inocencia
ligera, imprevisible, loca
triunfadora laureada de los vientos.

En un pequeño hatillo llevo las ilusiones renovadas.
No acumulo riquezas ni oro ni diamantes,
no guardo rencores malolientes;
el principio del fin es siempre AHORA.

Y en este ahora limpio y soleado
mi caminar se renueva y se depura
porque soy un ser libre de prejuicios,
pasajera incansable de la VIDA,
vividora insaciable del PRESENTE,
vestida con ropajes de ALEGRÍA.

Me dejo guiar por el instinto
ya que así el riesgo es menos riesgo;
me dejo guiar a precipicios
donde un traspiés mortal acecha.
¿Cómo sucederá? ¿En qué momento?
¡Eso que importa!
Morir es empezar de nuevo.

Con el viento soplando en mis cabellos
y la túnica teñida de amarillo
mi cabeza se eleva hacia lo ALTO
y a mi alrededor nace la primavera.

Blanca la nieve, la rosa y la camisa
del nuevo comienzo interminable,
blanco es el perro que me avisa
del peligro inminente de estar viva.

Soy el viento rotundo del invierno,
soy también la tierra fértil y seca,
soy el agua tibia de los mares
y el fuego de hogueras y volcanes.
Soy como los elementos vivos
FUEGO – TIERRA – AIRE y AGUA.
Y como ellos soy espíritu.

En mi alma caben el mar y los pájaros,
el cielo y la fantasía,
cabe el otoño con sus árboles,
el estímulo y la alegría.

Loca me llamas porque disfruto,
porque me río me llamas loca,
loca estoy para vosotros
que nunca estuvisteis locos.

Y en mi locura camino
atravieso áridas praderas
y fértiles desiertos
sin detenerme en ningún pueblo.

Loca estoy porque soy libre;
con mi locura pago la libertad y el hambre,
la vida que discurre por mis venas,
la sensación de estar eligiendo cada instante.

Loca estoy, sí
y consciente de estar loca
decido lo mejor para mí
en el presente.

¿Dónde empieza la aventura?
Seguir andando es estar viva.
La locura es el precio que se paga
por el riesgo y el vacío.

Pésame por Leonor

A Antonio Machado
(1875-1939)

Habían caminado unidos
y cogidos de la mano
por las orillas del Duero
cada tarde de aquel año.

Y al darse la media vuelta
entre columnas de mármol
se esconden los cuatro santos
descansando en las peanas.

San Mateo, San Marcos,
San Lucas y San Juan
son los cuatro evangelistas
que la Iglesia reconoce.

Habían llevado hasta allí
su cuerpo delgado y joven,
su inerte cuerpo
ya dormido para siempre.

Era tu esposa amada
-dice el menor de los primos-.
Por fin descansando queda
y nosotros lo sentimos.

Poetas

A Juan Ramón Jiménez
(1881-1958)

Un poeta se alimenta
de la esencia de lo humano
y se hace y se rehace
captando los mensajes no verbales.

Describo miradas iluminadas,
trinos de los ruiseñores,
sonidos mirando el río
y de los cauces vacíos, el silencio.
Dibujo… la sonrisa de los niños,
el esfuerzo del guerrero,
el descanso del anciano
y la paciencia infinita del vecino.

Somos poetas, amigos,
trovadores y juglares,
acróbatas y rapsodas,
saltimbanquis y arlequines.

Músicos de la palabra,
actores del cuerpo entero,
gimnastas del pensamiento,
ni sumisos, ni vulgares.

Sensibles y vulnerables,
héroes y dioses humanos,
esclavos de la Bondad,
reflejos del mal ajeno.

Se morirá la niebla

A Federico García Lorca
(1898-1936)

En la inmensa llanura
-después de fallecido-
como una torre de iglesia
ligeramente asomas.
Y desde ahí vigilas
la oscuridad del Mundo,
las aterradoras tinieblas
donde habita la intolerancia
de los ignorantes presumidos.

Lo que tú anhelaste sucederá por fin:
Rejuvenecerán todas las praderas
y morirá la niebla del invierno.
Regará la lluvia todas las primaveras
llenando el campo de flores blancas
y nacerá un niño poeta en cada pueblo.

Tu palabra no ha muerto contigo

A Luis Cernuda
(1902-1963)

¡Oh, gran Cernuda, mi nuevo amigo!
Tenía yo seis años aquella mañana del cinco
de noviembre
que te dio el ataque al corazón
y no estaba contigo cuando morías en México.

¡Qué importancia tiene que
no te conociera si ahora somos amigos!
Soñabas con poblar tu soledad
de hombres y mujeres del futuro
que leyeran tus versos.
Sé que antes de morir
pensaste también en mí
y por eso te escribo…

Voy despacio, amado poeta,
rebuscando tu palabra clara
en aquellos cajones secretos
de tu exilio azteca.

Recorro paso a paso tu murmullo incesante
y el eco repite el amor que sentías
por las cosas sencillas,
por el aire libre,
por la ventana abierta,
por el planeta Tierra.

Silenciada estuvo tu nítida palabra
hasta que comprendí el amor por lo sublime;
guardada bajo llave,
omitida y escondida
mientras en los trigales extremeños
crecían las amapolas y los lirios.

Inaccesibles tus bellos poemas
hasta que pude entenderte;
y es verdad que las sombras
nunca alumbran los caminos
y es cierto que tengo que dejarle a la lluvia
hacerse cargo de los campos.

Te descubrí un día cualquiera;
una noche de insomnio y de preocupaciones
allá por el año 1986 tal vez...
aparecieron de pronto tus versos en mis manos;
empecé a distinguir lo que tus ojos veían
y miré yo lo mismo desde mi perspectiva.
Y recuerdo que luego te dije:
Amigo mío, las mujeres y los hombres
de este siglo te hemos leído.
Descansa ya tranquilo
-sabiendo a ciencia cierta-
que tu palabra de gran poeta
no se ha muerto contigo.

Juntos

A Rafael Alberti
(1902-1999)
A María Teresa León
(1903-1988)

Por el mismo camino paseando;
unidos en los objetivos inmediatos
y distraídos con los objetos cotidianos.

Juntos y entusiasmados con nuestro Destino
diferenciando el propio espacio
y más unidos que nunca en el desánimo.

Juntos perdimos el contacto
con nuestro entorno y nos quedamos solos
mirándonos el alma
reflejada en la mirada.

Juntos observando el color de cada tarde
la cara diferente de la luna blanca
y el verde profundo de los ojos del gato.

Homicidio de amor premeditado

A Pablo Neruda
(1904-1973)

Me embarqué en la proa de tu boca
dejándome engañar por tu sonrisa
y tú me abandonaste a la deriva
en aquel barco grande que tenías.

Mirando mis errores cara a cara
ahora te digo sin reproches
me dejé engañar, tú no querías;
lo tuyo fue tan sólo una aventura
pasar el rato en buena compañía
mientras yo me enamoraba
sin que tú lo merecieras.

Para navegar juntos en tu barco
necesitábamos mantas y comida
pero tú me dejaste a pan y agua
durante nuestra larga travesía.

Todos los días que duró el viaje
sufrí de carencias afectivas;
me alimenté del cariño de las aves
porque ellas sí me comprendían.

Homicidio de amor premeditado
entonces asesino de mis venas;
me mataste de pena, compañero,
me morí yo solita por tu ausencia.

Naufragio de golpes bajos y mentiras
en tu selva de emociones retorcidas
y yo llenita de entusiasmo
olvidando los agravios y las penas.

Tantas veces dispuesta a perdonarte
superando las rencillas.
¡Tonta de mí, cómplice boba
del escarpado peligro en que vivía!

Las palabras que se quedan

A Miguel Hernández
(1910-1942)

El rojo de mi vestido
en tu cabeza el sombrero
botas negras que caminan
entre olivos y sosiego.

Me paré a mirarte un rato,
sentí de tu cara el frío
mi cutis de color nácar
tus manos, manos de plata.

La mañana estaba helada
mi corazón confundido
tu cabeza en otra parte
y tus ojos me miraban.

Me miraste embelesado,
allí de pie nos miramos
sentí tu altiva prestancia
tu esbeltez y tu elegancia.

Palabras que lleva el viento
y por eso las escribo,
para que se queden con nosotros
para que no se nos olviden.

Con pretensión de exponer
emociones atrapadas
entre la carne y la piel
entre el adentro y afuera
entre la Tierra y el Cielo.

Las horas perdidas

A Gabriel Celaya
(1911-1991)

Aquí nada es real ni verdadero
puro humo que se expande por el aire
un reloj de arena contando los segundos
que permanecen tañendo repiques las campanas.

Los segundos convertidos en minutos
y los días dando paso a las semanas;
las horas persiguiendo el tedioso vacío
y entre tú y yo el abismo y la distancia.

Mis sueños tratan de alcanzarte
mas cuando llegan ya te has ido;
no queda tiempo en los relojes
para nuestros amorosos desvaríos.

Cuando tu corazón estaba entero
-antes de que llegara la amargura-
llena de la magia cotidiana
me abracé a los fructíferos olivos;

y lloré por mis perdidas horas
en el amanecer de cada día
o en cada atardecer desesperado
rojo el azul del cielo con nubes y con pájaros.

Extendió la noche su dormido manto
te imaginé de luto y de morado
sentado en una silla junto al fuego
harto ya de esperar la primavera.

Allí estaba la rama rota
que el viento de la noche había tronchado.
¿Quién cose el corazón cuando se rompe?

¿Quién cura las heridas innombrables?
¿Cuándo dejaron de ser largas las tardes?

Mi corazón se esconde

A Blas de Otero
(1916-1979)

¿Si yo no fui nada para ti
por qué yo no lo entiendo?
¿Sigo evocando imágenes, recuerdos,
fantasías que no existieron?

Encogido y asustado
mi corazón se esconde
en sus propias cavidades
y va subiendo el tono
de un murmullo lento,
vocecitas infantiles
que dan patadas y se agitan.

Con los pétalos de rosas
que van cayendo al suelo
rememoro de nuevo
la textura de tu piel,
el caminar pausado
de tus pisadas nómadas,
la imagen colorada
de mi delirio intenso.

¡Qué cansancio tan grande
producen los recuerdos!

Entre un ventrículo y otro
pasa un aire rancio,
mi mente se bloquea
y se llena de niebla.
Del vaho mortecino de la tarde
sale andando una figura antropomorfa,
es Lázaro resucitado.

¿Dónde puedo esconderme
para que tú no me encuentres?

Soñando soñaba que sueño

A Gloria Fuertes
(1917-1998)

Mil sueños se me escapan
al despuntar el día
y de ellos, a veces,
un retazo apenas retengo.

¿Que decía mi sueño?
¡Aaah sí!
Un gigante se comía un guisante
y un enano una sandía.

Los sueños son letras imprecisas,
imágenes borrosas, colores brillantes,
son gestos simbólicos, signos…

Mitos, duendes, pajes,
hadas, brujas, personajes.
A veces raros y extraños,
a veces de lo más corriente.

Cuando la muerte llegue

A José Hierro
(1922-2002)

Cuando la muerte llegue
y choque contra mi puerta
y quiera detenerla
ni las palabras elogiosas
ni las falsas promesas
serán suficientes para ahuyentarla.

Cuando venga la muerte
y no me encuentre en casa
dejaré escrita, tal vez, una carta
aunque será en vano.
Cuando viene…
la muerte no suele leer cartas.

Cuando la muerte entre
y me tome una tila
no me pondré nerviosa
y no recogeré nada,
ella me transportará gratis
pero sin equipaje.
Cuando aparezca la muerte
no pienso suplicarle,
se llevaría mis fuerzas
las voces y las risas
los besos, las caricias…
la dignidad y el orden.

Cuando la muerte acuda
extenderé mis brazos,
le daré facilidades,
más aún no ha llegado,
celebro la vida
cantando y bailando.

Quimeras

A Ángel González
(1925-2008)

Mordisqueo una vez más instantes
llenos de mariposas y de lirios;
me doy cuenta de que me sobra sufrimiento
y a pesar de ello
reconozco que ha sido un gran maestro.

Ya no le meteré prisa
ni al ruiseñor ni al jilguero;
a la vida le pido
lo que la vida misma quiera darme.

Amo todos los colores
y admiro cualquier melodía,
detesto lo vulgar y lo feo
y me prometo retomar todos mis sueños.

El temor a la soledad
no me hace culpable de tus infortunios;
ni tus lamentos profundos
arreglarán mis desilusiones.
¿Quién puede consolar
mi alma acongojada?
Un hombre que no persiga quimeras.

Hospitales

A Bernardo Atxaga
(1951)

Blancos como la cal y la leche derramada,
fríos como el hielo de un iglú en el Polo Norte.
Blancos, fríos, inhóspitos…
los hospitales suben a lo alto de las ciudades;
se agrupan y reúnen
en una macabra danza de muerte y sangre.

Entre mamografías,
resonancias magnéticas y *scanners*,
los pasillos se llenan de brazos y de piernas
que cuelgan de las camas articuladas.

En los hospitales faltos de ternura
las alacenas de cristal acumulan
vesículas inservibles, hígados grasos
y quistes de todos los tamaños;
nódulos de garganta
y pulmones encharcados.

Son muchas las veces que subo y que bajo;
son muchos mis seres queridos ingresados:
el marido y el hermano, la niña pequeña,
mi padre y mi madre.

Mil veces visito las Altas Torres
de la ciudad sanitaria
y, a veces, tengo que ir en pijama a salvarlos;
y yo por ellos lo que haga falta.

Hospitales que duelen
donde mi madre se me murió tres veces.
Hospitales desapacibles,
intervenciones a corazón abierto de una hora
que duran siete;

y después sale el sudoroso cirujano
con los pelos punta
dando explicaciones.

Enseguida le digo a mi madre:
"Mamá despierta, estamos aquí esperándote".
Y pasaron las horas…
Ella no despertaba.
A nosotros nos echaban.
Y a las tres de la mañana
me llaman del hospital que suba inmediatamente.

Que de nuevo la anestesia.
Que de nuevo el quirófano.
Que "algo" no ha salido bien.
¿Quién fue el que se dejó la herida abierta?

Lo que iban a ser siete días
se han convertido en treinta.
¡Qué mal calculan el tiempo que tarda el alma
en decidir si se va o se queda!

Cada día le toca llorar a una familia,
cada día las preguntas obligadas:
¿Como está hoy la vuestra?
Él tuyo, el mío, el nuestro…

En los hospitales todas las madres son madres de todos.
En los hospitales todos los niños se vuelven tus hijos.

Obsoletos los hospitales de mi memoria;
con asco, con rabia, con vergüenza,
voy recogiendo los vómitos verdes,
las estenosis pilóricas,
y las cucarachas negras
que le salen al médico de la boca.

Hospitales sin piedad,
hospitales decrépitos
donde los familiares seguimos sufriendo
con falsos diagnósticos de muerte,
cuando hablan de enfermedades extrañas
como dioses altivos que todo lo saben.

¿Un cáncer de pulmón mi padre?
Él no se lo merece, justo no sería;
hazme el favor de revisar el diagnóstico
porque creo que está equivocado.
Mi padre nunca ha fumado
y al rato vuelve y me dice:
que sí, que tengo razón,
que la manchita en el pulmón
no es nada.

Agradecimientos

A Enrique Cabezón,
poeta, escritor, animador cultural, músico,
organizador del "Agosto Clandestino",
que ha tenido la bondad de leer mis libros
y escribir un prólogo para este.

Al equipo humano de Editorial Siníndice
por leer, valorar positivamente el texto
y darme la oportunidad de publicar
en su editorial este libro de poemas.

A la ARE (Asociación Riojana de Escritores)
por acogerme como nuevo miembro.

A mis detractores literarios,
que han metido mucho ruido
para hacerme desistir,
y me han obligado a sacar el coraje necesario
para terminar este modesto poemario dedicado
a los grandes poetas en lengua castellana.

A los seres humanos que me detestan
y entran en guerra cuando me ven,
les agradezco su esfuerzo
para que yo madure y sea mejor persona,
aunque ellos nacieron con el enemigo dentro.

Sobre la autora

Agustina Herrero Sánchez nació en Valdecañas de Tajo (Cáceres). En 1969 su familia se traslada a San Sebastián. En el País Vasco ha vivido 52 años. Desde el 2021 reside en Alfaro (La Rioja). Actualmente tiene 68 años, está jubilada y se dedica a escribir y publicar lo que tenía guardado. *Tras los pájaros azules* es su tercer libro de poemas.

Licenciada de grado por la Universidad de Deusto en Historia General de España. Diplomada en Ciencias de la Información por la Universidad del País Vasco (UPV).

Perteneció al grupo de Astrología del Ateneo Donostiarra y a la Asociación Guipuzcoana de Astrología.

Durante muchos años ha impartido cursos de diversas materias y de Acceso a la Universidad para mayores de 25 años. Actualmente, da clases de español a inmigrantes de forma altruista. Y es guía voluntaria de la Colegiata de San Miguel de Alfaro.

Es miembro de la Asociación Riojana de Escritores (ARE).